Bibliografische Information der Deutschen Nationalbibliothek:

Die Deutsche Bibliothek verzeichnet diese Publikation in der Deutschen National-
bibliografie; detaillierte bibliografische Daten sind im Internet über http://dnb.d-
nb.de/ abrufbar.

Impressum:

Copyright © 2019 GRIN Verlag
Druck und Bindung: Books on Demand GmbH, Norderstedt Germany
ISBN: 9783668990388

Dieses Buch bei GRIN:

https://www.grin.com/document/492395

Katinka Penert

Lehrentwurf zum Thema Algorithmen. Methodisch-didaktische Herangehensweise und praktische Umsetzung für die Mittelstufe

GRIN Verlag

GRIN - Your knowledge has value

Der GRIN Verlag publiziert seit 1998 wissenschaftliche Arbeiten von Studenten, Hochschullehrern und anderen Akademikern als eBook und gedrucktes Buch. Die Verlagswebsite www.grin.com ist die ideale Plattform zur Veröffentlichung von Hausarbeiten, Abschlussarbeiten, wissenschaftlichen Aufsätzen, Dissertationen und Fachbüchern.

Besuchen Sie uns im Internet:

http://www.grin.com/

http://www.facebook.com/grincom

http://www.twitter.com/grin_com

Lehrmittel zum Thema Algorithmen und Computational Thinking

Konzept und Umsetzung CS unplugged in Klasse 6, 8 und 9

Katinka Penert

Vorwort

Dieses Lehrmittel ist das Ergebnis eines einjährigen Forschungsprojektes, das im Rahmen einer MSc Masterarbeit «Informatik in Bewegung» der Donau-Universität Krems für zwei Standorte in der Schweiz konzeptioniert, umgesetzt und wissenschaftlich ausgewertet wurde.

Dieses Lehrmittel kann Lehrpersonen, die sich auf analoge Weise mit CS unplugged und dem Thema Algorithmen befassen möchten, Anhaltspunkte sowohl für die methodisch-didaktische Herangehensweise als auch für die praktische Umsetzung Anregungen geben. Die beschriebenen Lektionen sind mit Klassen 6, 8 und 9 durchgeführt und die Leistung (Content Knowledge) ist unmittelbar nach den 4 Doppellektionen bei den Schülerinnen und Schülern (n= 119) getestet worden. Die Ergebnisse der Forschungsarbeit «Informatik in Bewegung» zeigen, dass das Thema Algorithmen mit den analogen Mitteln von CS unplugged bearbeitet werden kann.

Die wissenschaftliche Auswertung belegt, dass mit dem Unterrichtsarrangement CS unplugged mit Bewegungsintervention eine hochsignifikante Steigerung des Computational Thinking für den Bereich Algorithmen bewirkt werden kann.

Alle Lektionen und Arbeitsergebnisse sind beschrieben und in der angehängten Galerie dokumentiert.

Es ist davon auszugehen, dass die beschriebenen Lektionen auch mit anderen Altersgruppen (z. B. 5. und 7. Klasse) durchführbar sind

Das Projekt zeigt ausserdem, dass mit CS unplugged die geforderte Gleichwertigkeit der informatischen Bildung der Schule mit der öffentlichen Schule für den Bereich Algorithmen gewährleistet ist.

CS unplugged bietet eine Vielzahl weiterer Aktivitäten, die mit Schülerinnen und Schülern verschiedener Klassenstufen durchgeführt werden können.

Winterthur im Februar 2019

Programmieren mit CS unplugged

Lektionenplanung 4 Doppellektionen für 6., 8. und 9. Klasse

Erste Doppellektion (Dauer ca. 80 Min, max. 15 SuS)

1. In diesen 4 Doppellektionen wird das Thema Programmierung so bearbeitet, dass das dahinterstehende Konzept von Programmierung und ein Verständnis für den Begriff «Algorithmus» vermittelt wird. Das Erfassen eines Konzeptes soll bewirken, dass ein tieferes Verständnis für ein Thema geschaffen wird. Das erlangte Wissen wird nicht an ein Produkt gebunden, das zwar benutzt wird, dessen Konzept aber unverstanden bleibt; vielmehr kann erlangtes Konzeptverständnis auf viele verschiedene Produkte angewendet werden (Transfer). Das Thema der ersten Lektion: Algorithmen. Es findet eine Definition des Begriffes statt. Ein Algorithmus besteht aus einzelnen endlichen wohldefinierten Anweisungen (Befehlen), die maschinenlesbar sein können. Algorithmen existierten bereits, als es noch keine Computer gab.

> Erste schriftlich überlieferte Anweisungen sind ca. 1600 v. Chr. in einem ägyptischen Pergament zur Heilung von Krankheiten überliefert. Im «Papyrus Ebers» findet sich eine beeindruckende Sammlung von Krankheitsbeschreibungen und Heilungen derselben. So notiert ein Arzt die Behandlung einer Verletzung am Ohr so:
> - «Das Ohr soll in einen Netzverband gehüllt werden
> - Dann soll der Saft der Sykomore darauf gegossen werden.
> - Wenn das Ohr sichtbar verletzt ist, soll kein Fett daran kommen.
> - Wenn das Wundsekret austritt, soll es abfliessen, bis sich Kruste bildet.
> - Wenn das Ohr geschwollen ist, soll Honig in das Innere gebracht werden, bis das Sekret aus dem Inneren austritt.
> - Der Wundverband muss eng am Ohr sein und am Hinterkopf gebunden werden.» (vgl. Papyrus Ebers, Eb 767).

Algorithmen aus dem Bereich Informatik werden in den beschriebenen Lektionen in Englisch ausgedrückt. In der ersten Lektion werden Richtungen und Abfolgen einer grafischen Darstellung als Algorithmus dargestellt (Abb. 5 und 6 der Galerie). Dies können zum Beispiel Wiederholungen von Schritten sein, die in eine Richtung gemacht werden: «Repeat X times« «Move forward.» (basic directions and sequences, repeat X times).

Bei diesem didaktischen Einstieg kann den SuS die Relevanz von Algorithmen deutlich gemacht werden. Algorithmen steuern zum Beispiel Ampelanlagen an Verkehrskreuzungen. Die Wahrnehmung, dass steuernde Technik mit Algorithmen viele Abläufe des täglichen Lebens regelt, bildet die Brücke zur folgenden Arbeit mit CS unplugged. Die LP sollte unbedingt darauf hinweisen, dass dieses Thema in der öffentlichen Schule ausschliesslich anhand von Scratch (schratch.mit.edu, «kennt das jemand?» Wenn ja: wertschätzend zur Kenntnis nehmen) oder LOGO Schulprojekten (http://www.abz.inf.ethz.ch/logo) am PC bearbeitet wird. Bei Bedarf kann man sich diese Produkte auch zu Hause am PC anschauen. Es erscheint ebenfalls relevant, dass der Begriff Algorithmus weit vor der Erfindung von Maschinen existierte.

Vor jeder Lektion müssen die Materialien (Abb. 1) bereitgestellt werden: Tafel, Magnete, die Akteure Pac-Man und Ghost und eine Programmieroberfläche aus Papier, ebenso wie Materialien aus Papier, Moosgummi, Kleber, Scheren, Programmierteppiche. Ausserdem sollte eine genügend grosse Anzahl Klemmbretter, Erdbeeren oder anderer Gegenstände (Artefakte) vorhanden sein (Abb. 2). Die Programmierteppiche sind in einem ausreichend grossen Raum platziert.

Alle Arbeitsmaterialien für die SuS müssen sehr gut vorbereitet und portioniert werden (Abb.1). Insgesamt muss die ganze Lektion gut durchdacht und die Arbeitsschritte klar formuliert in einen sinnvollen Ablauf gebracht werden. Verschiedene englische Begriffe sollten vorab eingeführt werden. Der Einstieg (SuS frontal sitzend) findet in einem vorbereiteten Raum statt (Abb. 3). An der Tafel ist die analoge Programmieroberfläche mit 8 X 8 Kästchen, Pac-Man und Erdbeere oder Gespenst (oder anderes) und einem markierten Weg mit Magneten befestigt. Die dazugehörige Programmierung (Pfeile) ist bereits vorbereitet, bleibt aber verdeckt

Algorithmus: Al-Chwarizmi * 780 † 850, Namensgeber des Algorithmus war ein Gelehrter (Mathematiker, Astronom und Universalgelehrter) aus dem heutigen Iran. Er hinterliess eine Anweisung, wie beim Ableben eines Menschen mit der Hinterlassenschaft zu verfahren sei. Ein Algorithmus ist eine eindeutige Handlungsvorschrift zur Lösung eines Problems oder einer Klasse von Problemen. Algorithmen bestehen aus endlich vielen, wohldefinierten Einzelschritten. Damit können sie zur Ausführung in ein Computerprogramm implementiert, aber auch in menschlicher Sprache formuliert werden. Bei der Problemlösung wird eine bestimmte Eingabe in eine bestimmte Ausgabe überführt. (vgl. Wikipedia: https://de.wikipedia.org/wiki/Al-Chwarizmi)

Im freien Unterrichtsgespräch kann gefragt werden, welche Algorithmen wir in Alltags- und Arbeitsabläufen haben. Beispiele lassen sich zum Beispiel beim Vorgang des Telefonierens oder beim Backen finden.
In den beschriebenen Lektionen gibt es zwei Akteure: Einer agiert als Start- (Pac- Man), der andere als Zielperson (Gespenst). Nun muss der Weg beschrieben werden, den Pac-Man zum Gespenst macht.

2. Wie lauten die Anweisungen (oder: Wie lautet der Algorithmus), der Pac- Man auf dem markierten Weg zur Erdbeere (oder zum Gespenst) bringt? Der Weg ist endlich (also mit klarem Anfang und Ende) und muss eindeutig beschrieben werden. Die verfügbaren Zeichen (Programmiersprache) sind im Moment Pfeile. Jeder Schritt von Pac-Man entspricht einem Pfeil. Für jede neue Richtung müssen wir eine neue Zeile nehmen. Wie lautet die erste Anweisung? (Abb. 5 und 6)
Der Algorithmus wird dialogisch erarbeitet und steht dann an der Tafel.
Bevor die SuS in kleinen Gruppen (2-3 SuS pro Gruppe) an die Arbeit gehen, um den Algorithmus auf dem Papier zu fixieren, wird jede Gruppe mehrmals den markierten Weg auf dem Programmierteppich gehen. Danach arbeitet jede Gruppe mit dem vorbereiteten Arbeitsmaterial: Pfeile, Kleber (Patafix), Scheren, Moosgummi und farbige Papierstreifen. Die Gruppe positioniert sich an der eckigen Aussparung.

3. Abb 7: Jede Gruppe plant den Startpunkt und das Ziel und markiert den Weg mit gelben Blättern. Dann gehen die SuS mit eigenen Schritten von der Startposition bis zum Ziel auf dem Programmierteppich (jedes Quadrat ein Schritt). Man weise auf Wendungen hin, die Pac-Man auf dem Weg macht. Pac-Man ist erst angekommen, wenn er auf dem Feld der Erdbeere ist. Erst im Anschluss daran wird der Algorithmus im Sitzen auf dem Klemmbrett notiert (Abb. 8 und 9). Achtung: Beim Notieren auf den Klemmbrettern ist die Blickrichtung auf den markierten Weg so zu wählen, dass die SuS sich bei der eckigen Aussparung platzieren und nun frontal zur Programmierumgebung sitzen. Erst dann wird der Algorithmus auf der analogen Fläche fixiert. Dazu stehen die angegebenen Materialien zur Verfügung. (Schritt 1 und 2 dauert etwa 10-20 Min., Schritt 3 30-40 Min.)

4. Alle Produkte werden am Schluss betrachtet und kommentiert. Falls es Optimierungen gibt oder Fehler behoben werden müssen, kann hier der Begriff «debugging» eingeführt und erläutert werden. Nun folgt die Frage, ob an einer Stelle nicht etwas vereinfacht werden kann. Zum Schluss wird statt der vielen Pfeile ein «repeat» über die Pfeile geklebt. Repeat X times (mit X als Variable) (Abb. 8-16).

5. Abb. 9: Eine weitere Optimierung: Pfeile werden durch «move forward» ersetzt.

6. Schnell kommen die SuS darauf, dass Pac- Man sich bei der Richtungsänderung drehen muss: «turn 90° left/right». Dies kann kurz mündlich erörtert werden und ist das Ende der ersten Lektion und gleichzeitig der Vorblick für die folgende Lektion.

Die beschriebenen Arbeitsschritte sind für die erste Doppellektion genug. Nach der Betrachtung der einzelnen Projekte wird eine Pause eingelegt, um für den 5. Schritt genug Aufmerksamkeit zu haben. Dafür sollten SuS wieder frontal sitzen. Schritt 5 wird mit der Programmieroberfläche an der Tafel gemacht und dialogisch erarbeitet. Alle SuS sollten in der ersten Lektion mit dem Bewegen und dem exakten Aufschreiben des Algorithmus beschäftigt sein und über die einzelnen Arbeitsschritte Auskunft geben können. Die Lektion endet mit dem gemeinsamen Aufräumen und ordnen der Materialien.

Zweite Lektion

Ziel der zweiten Lektion ist es, dass jede Gruppe mindestens ein, besser zwei geometrische Projekte algorithmisch beschreibt. SuS sitzen frontal: Zu Beginn der zweiten Lektion kurz wiederholen, dass mehrere Pfeile hintereinander durch «repeat X times» ersetzt wurden. X wurde in der ersten Lektion als Variable vorgestellt. Es wurde ebenfalls move forward (move fwd) eingeführt.

Der nächste Schritt ist die Darstellung der Hälfte eines Rechteckes oder eines Dreiecks. (Abb. 17 und 20) Beides kann mit Klebeband gross auf dem Boden festgeklebt werden. Dazu notiere man unbedingt die Länge einzelner Seiten, die Längeneinheiten und die Grösse der Abstände, falls mehrere Formen nebeneinander angeordnet sind. Eventuell nehme man gleich «jump» dazu, damit die Reihe der Formen und die Zwischenräume auch beschrieben werden können. Nun schreiten mehrere SuS die Form ab und formulieren den Algorithmus. Achtung: Bei den Wendungen ist je nach geometrischer Figur der Winkel richtig anzugeben. Hier wird der Transfer zur Geometrie gemacht. (Abb. 26- 44)

Anschliessend werden die Algorithmen auf dem Papier fixiert. Für die Algorithmen wähle man die Farben Blau für «repeat», Grün für «move fwd». Neu dazu kommt: Rot für «turn X ° (degree) right/left». Die SuS bearbeiten das Thema wieder in Gruppen in eigenen Projekten. Dabei ist darauf zu achten, dass die mit Bleistift entworfene Form vorerst einfach ist, rechte Winkel enthält und sich ab einem bestimmten Punkt wiederholt. Die SuS beschreiben die Form mit so wenig Befehlen wie möglich. Arbeitsmaterial sind: Bleistifte, Radiergummi, blaue, grüne und rote Papierstreifen. Vorerst werden Entwürfe auf ein Arbeitsblatt gemacht. Diese werden kurz betrachtet. Erst im 2. Schritt sollen SuS den Algorithmus mit den farbigen Papieren notieren und fixieren. Die Formen sollen so gestaltet sein, dass möglichst ein Repeat eingebaut werden kann. Hier können Niveau-Unterschiede gemacht werden. Es gibt anspruchsvolle Formen (5-Eck, 6-Eck). Einfache Formen sind eckige Mäander, Dreieck, Viereck und aneinander gereihte Formen.

Abb. 18- 44 dokumentieren einfache geometrische Aufgaben und das Vorgehen bei der Arbeit. In kleinen Gruppen werden verschiedene Elemente wie «repeat», «turn X° left/right» «move fwd» angewendet. Die Gruppen der SuS können ihre Form am Boden kleben (Kreppband), an Tafel oder Flipchart arbeiten. Ziel dieser Übung ist, am Schluss einen korrekten Algorithmus zu notieren, der die entsprechende Form beschreibt.

«My function» ist zuoberst zu notieren. Dann beginnt der Algorithmus. In der zweiten Lektion wird die Arbeit durch vorgefertigte farbige Streifen auch zugunsten der Lesbarkeit vereinfacht. SuS müssen die entsprechenden Streifen nur noch mit Uhu-Patafix befestigen.

Dritte Lektion

In der 3. Lektion geht es um die Schleifenbedingungen «while» (While path ahead: Solange es einen Weg gibt) Abb. 48 zeigt die Gleichzeitigkeit von Weg und Tätigkeit «eat», wohingegen auf Abb. 49 das Nacheinander der Abläufe zu erkennen ist. Die Beispiele, die zu Beginn gezeigt werden, zeigen zwei verschiedenen Versionen auf. Die Beispiele unterscheiden sich dadurch, dass ersteres eine Beschreibung von 2 gleichzeitig stattfindenden Tätigkeiten ist. Dies wird im Algorithmus mit einer eingebetteten Schleife dargestellt. Im zweiten Beispiel geht es um das Nacheinander der Tätigkeiten, das anders algorithmisch dargestellt wird. Dieses Thema ist sehr abstrakt und erfordert ein gedankliches Erfassen von zeitlichen Abfolgen einerseits und Gleichzeitigkeit andererseits. Der stimmige Algorithmus kann für jede Aufgabe nur dann erstellt werden, wenn dieser Unterschied klar durchdacht ist und mit der entsprechenden Darstellung verbunden wird.

Das Thema wird auf einem grossen Programmierteppich vorgestellt, nicht an der Tafel. Dabei nehme ich zuerst die Version, in der eine zeitliche Abfolge und ein Nacheinander algorithmisch abgebildet werden muss. Im Gegensatz dazu folgt dann das Beispiel mit der Gleichzeitigkeit zweier Tätigkeiten, die mit einer eigebetteten Schleife beschrieben wird. Als Darstellung für die «while-Schleife» nehme ich grosse gelbe Blätter, für «repeat» bleibe ich beim Blau.

Für dieses Lektion müssen Früchte oder andere Gegenstände (Artefakte) im Gross- und Kleinformat für die Schülerinnen und Schüler bereitgestellt werden. Ich wählte Früchte, da in der Projektzeit eine Fülle von Früchten reif war…. Die schöne Gestaltung der Früchte sollen die SuS zur sorgfältigen und übersichtlichen Arbeit animieren. In dieser Lektion muss unbedingt mit einem Entwurfsblatt gearbeitet werden. Das schützt vor unnötigem Materialverbrauch. Nach der Kontrolle des Entwurfs können die SuS mit der endgültigen Darstellung beginnen.

SuS arbeiten in Zweiergruppen, die sie selbst zusammenstellen dürfen; Aus den äusserst lebendigen Lektionen in Zürich resultieren viele Arbeitsergebnisse, aus deren Darstellung hervorgeht, dass das Thema erfasst wurde.

Die Abbildungen 50-62 zeigen die Arbeitsergebnisse in jeweils einer halben 8. und 9. Klasse. Die SuS genossen es sehr, die grossen und kleinen Früchte zu verarbeiten. Das Verständnis für die zwei verschiedenen Schleifen in deren Darstellung bei vielen SuS nicht sofort vorhanden war. Häufiges Nachfragen und nochmaliges Erklären meinerseits verzögerten den Arbeitsprozess erheblich.

Vierte Lektion

In dieser Lektion werden «if» und «else» eingeführt und mit den bereits bekannten Befehlen kombiniert. Dazu wird ein Beispiel auf dem Teppich gezeigt. Am Flipchart ist dasselbe Beispiel synchron dargestellt. Zu Stundenbeginn wird der Algorithmus in dialogischer Form gemeinsam erstellt. Anschliessend dürfen SuS zu zweit in einem eigenen Projekt arbeiten. Die Mindestanforderung besteht darin, einen Weg mit mehrfacher Richtungsänderung zu erstellen. Dazu markieren sie auf ihrer analogen Oberfläche zuerst den Beginn und das Ende des Weges (Ziel) «Repeat until» und erstellen anschliessend den Algorithmus dazu. In diesem Weg muss eine Tätigkeit einbezogen sein. Dafür müssen SuS das Prinzip der eingebetteten Schleife verstanden haben und anwenden können (Abb. 63-79).

Die bekannten Farben der Anweisungen bleiben erhalten. Diese abschliessende Lektion fasst alle bisher behandelten Themen zusammen. Im Forschungsprojekt erfolgte unmittelbar nach den 4 Doppellektionen ein Test zum algorithmischen Denken (Computational Thinking Test).

Die Programmierteppiche sind aus mehreren kleineren Teilen gefertigt. Sie bestehen aus widerstandsfähigem Markisenstoff, dessen Stosskanten mit Metallnieten zusammengenietet, schmutz- und feuchtigkeitsabweisen sind.

Weitere Informationen zur wissenschaftlichen Arbeit, Material und Arbeit mit CS unplugged:
kp.bewegung@gmail.com

Galerie

CS unplugged

Erste Lektion

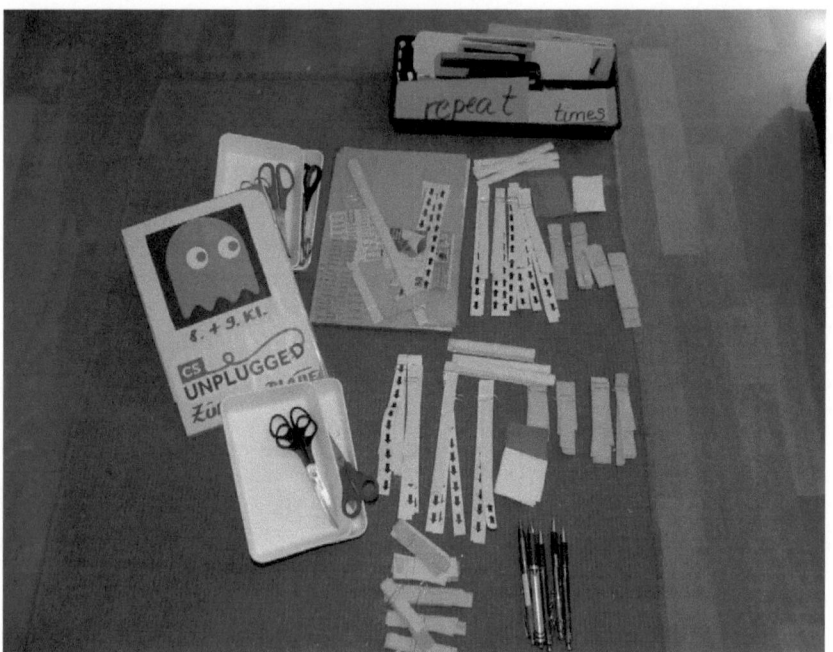

Abbildung 1: Materialien für die erste Doppelstunde, in der anfangs mit Pfeilen, später mit "repeat" und "move forward" gearbeitet wird.

Abbildung 2: Vorbereitete Umgebung: 3 Programmierteppiche (jew.4 X 4 m) dienen als analoge, begehbare Programmieroberfläche. Die eckige Aussparung gibt die Position an, von der aus man programmiert «Monitor».

Abbildung 3: Klemmbretter in der ersten Version mit Blankobögen für eigene Projekte. Pac-Man und Gespenst sind die Akteure des ersten Projektes. Das Gespenst kann auch durch Früchte o.ä. ersetzt werden.

Abbildung 4: Weitere Materialien für die erste Lektion

Diese Abbildung wurde entfernt

Abbildung 5 Erste Lektion: Vorbereitete analoge Programmierumgebung, Algorithmus aus Pfeilen ist noch verdeckt. Hinführung zum Thema mit der Frage: «Was ist ein Algorithmus?»

Diese Abbildung wurde entfernt

Abbildung 6: Die Anzahl der Schritte wird mit Pfeilen dargestellt. Jeder Schritt ein Pfeil; bei neuer Richtung beginnt eine neue Zeile.

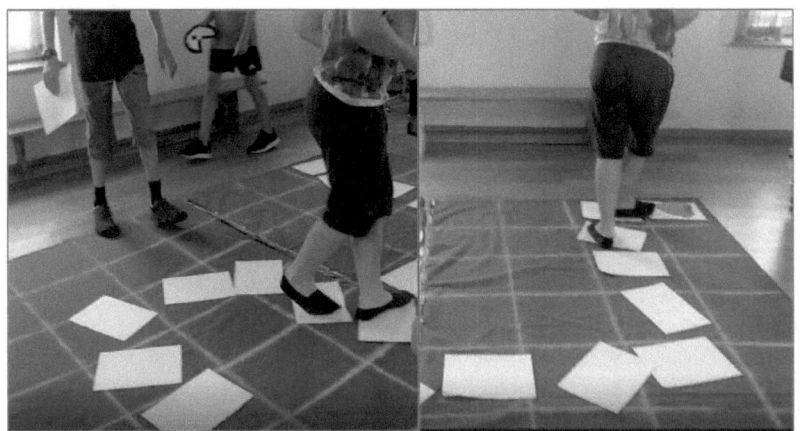

Abbildungen oben: Markieren und Abschreiten des markierten Weges.

Diese Abbildung wurde entfernt

Abbildung 7: In der Gruppe wird zuerst geplant, Weg markiert und abgeschritten und dann der Algorithmus auf Papier fixiert.

Arbeitsergebnisse der ersten 60 Minuten

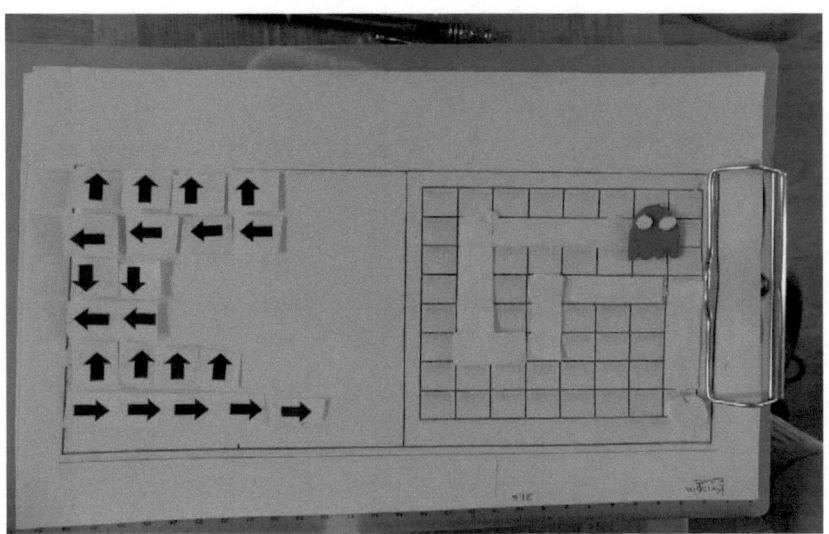

Abbildung 8: Viele Schritte, Richtungsänderungen und Pfeile

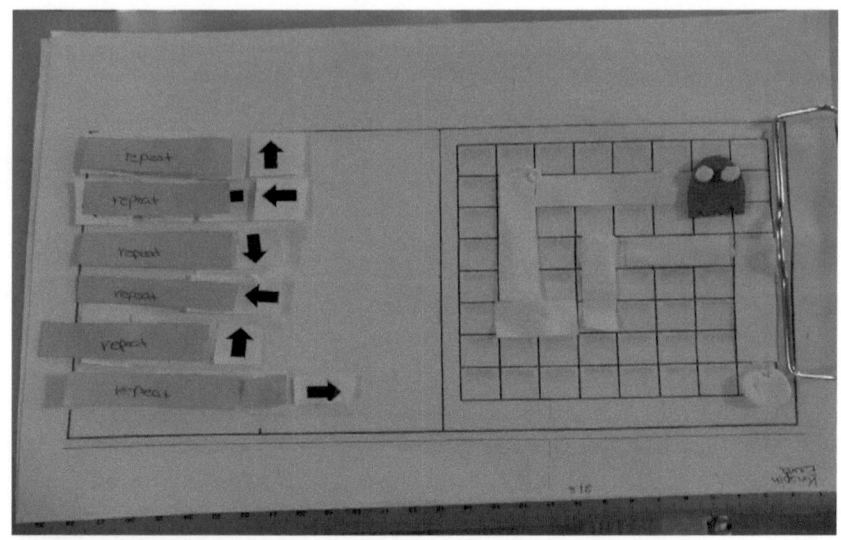

Abbildung 9: "Repeat" optimiert den Algorithmus

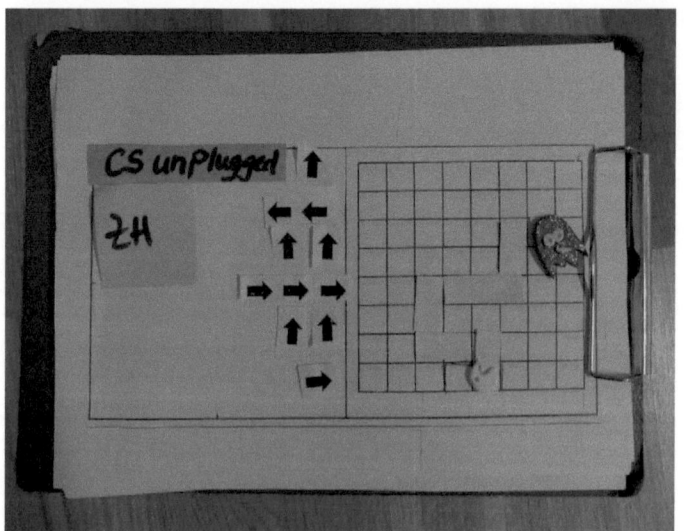

Abbildung 10: Pfeile beschreiben den Weg von PacMan zum Ghost.

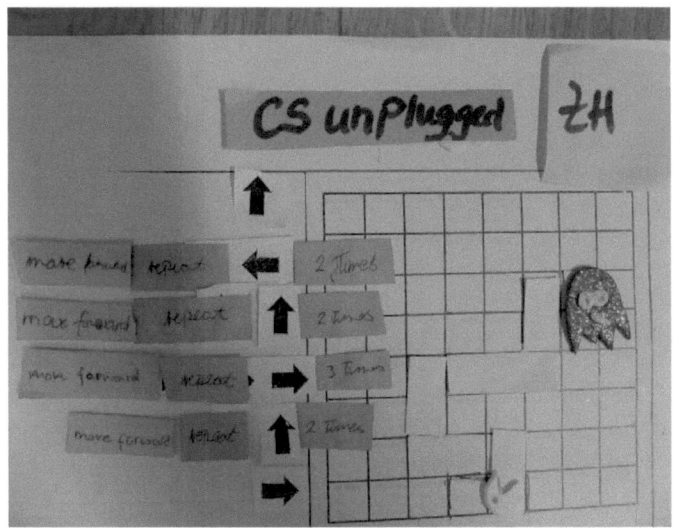

Abbildung 11: "repeat" und "move forward" sind hinzugekommen und ersetzen die Pfeile. Ende Lekt. 1

1. Lektion Kontrollgruppe

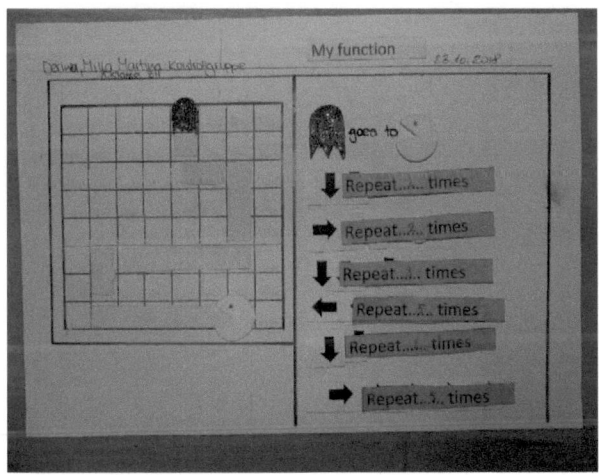

Abbildung 12: 1. Lektion Kontrollgruppe mit Pfeilen und "repeat X times" Kl.8

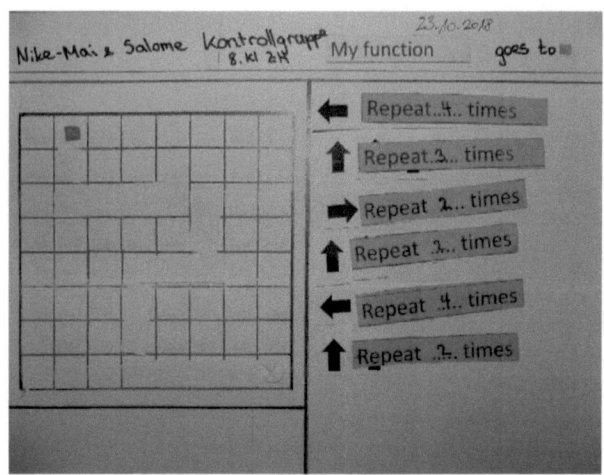

Abbildung 13: 1. Lektion Kontrollgruppe mit Pfeilen und "repeat X times."

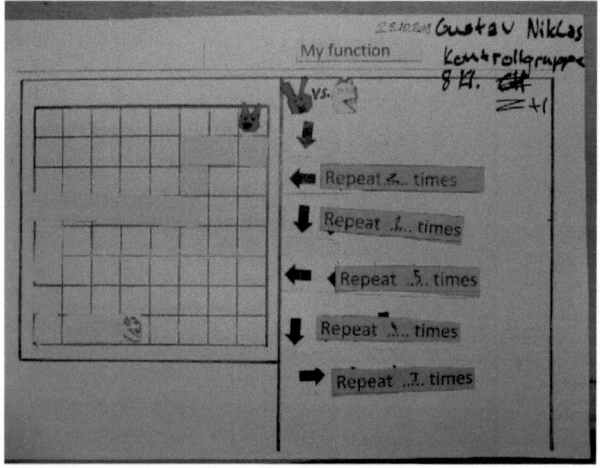

Abbildung 14: 1. Lektion Kontrollgruppe 8. Klasse

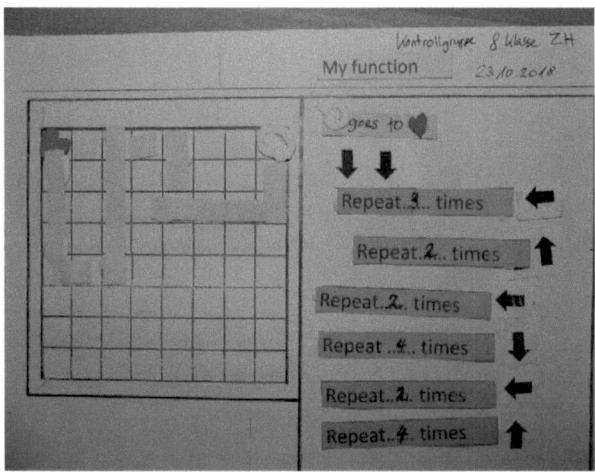

Abbildung 15: 1. Lektion Kontrollgruppe "repeat X times"

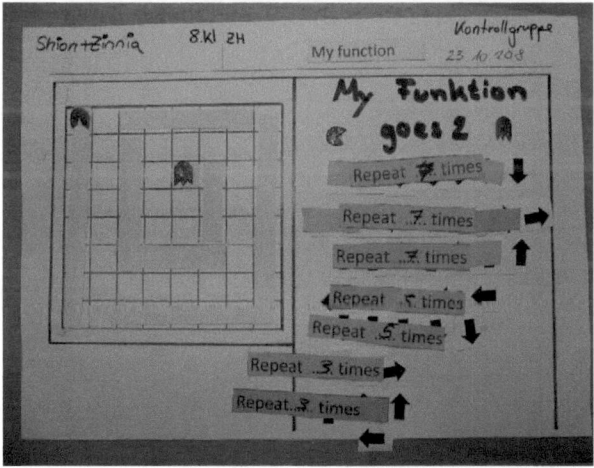

Abbildung 16: 1. Lektion Kontrollgruppe Kl. 8

Abbildungen 12-16 dokumentieren die Arbeitsergebnisse der Kontrollgruppe. Die Kontrollgruppe arbeitet ohne Bewegung im Raum. Die SuS sitzen im ersten Viertel der Lektion frontal und nehmen das Beispiel, das an der Tafel gezeigt wird, visuell auf. Im Verlauf wird die Programmierung ausschliesslich dialogisch an der Tafel erstellt. Später arbeiten 2-3 SuS jeweils an einem eigenen Projekt. Am Ende der Lektion wird «repeat X times» als Optimierung und X als Variable eingeführt.

Zweite Lektion

Abbildung 17: Materialien für die 2. Lektion. Neu: vorgefertigte farbige Streifen.

Abbildung 18: Einstieg in die 2. Lektion: Grosses Dreieck zum Abschreiten am Boden.

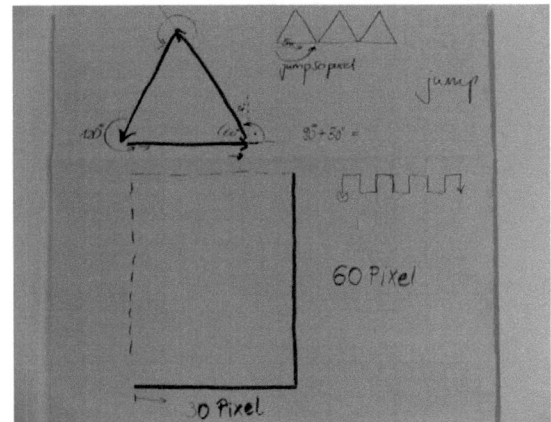

Abbildung 19: Skizze für geometrische Formen mit Längenangaben

Abbildung 20:Kreppband auf Holz geklebt. Fehlend: Masseinheit Pixel

Abbildung 21: Algorithmus für diesen Weg: «Move fwd 50 (Pixel).»

Abbildung 22: "Turn 90° left"

Abbildung 23: "Move fwd. 100 (Pixel)"

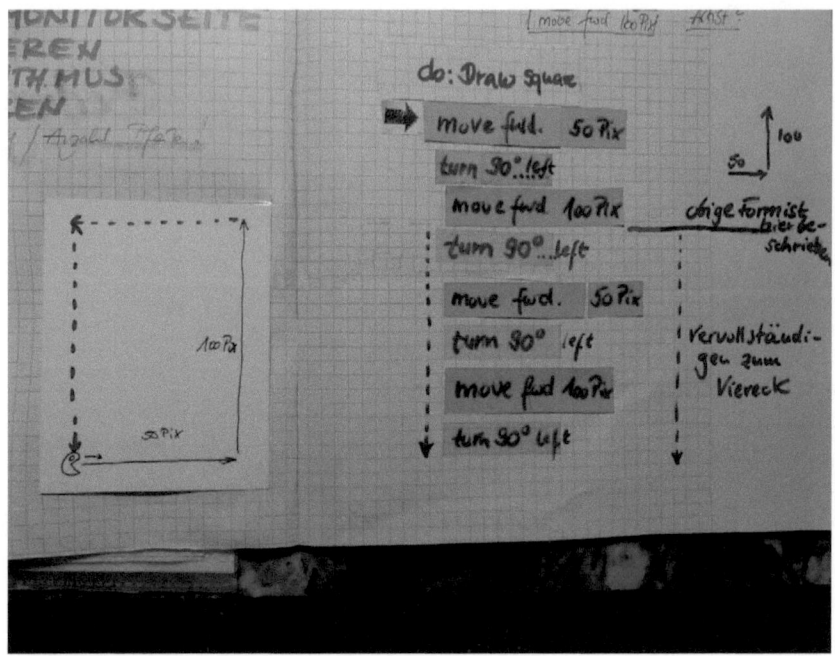

Abbildung 24.: Wie kann der erste Teil des Vierecks beschrieben werden? Die gestrichelten Linien vervollständigen den Algorithmus für ein ganzes Viereck.

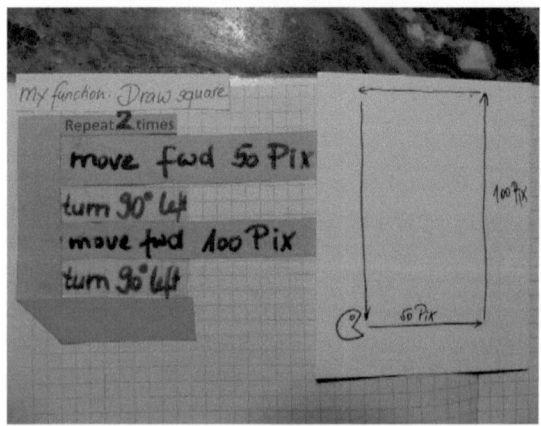

Abbildung 25: Vollständiger Algorithmus für ein Viereck.

Abbildung 26: Wie lautet Pac- Mans Weg durchs Dreieck? Beschreibe den richtigen Algorithmus!

Diese Abbildung wurde entfernt

Abbildung 27: Notiere den Algorithmus auf dem Blatt.

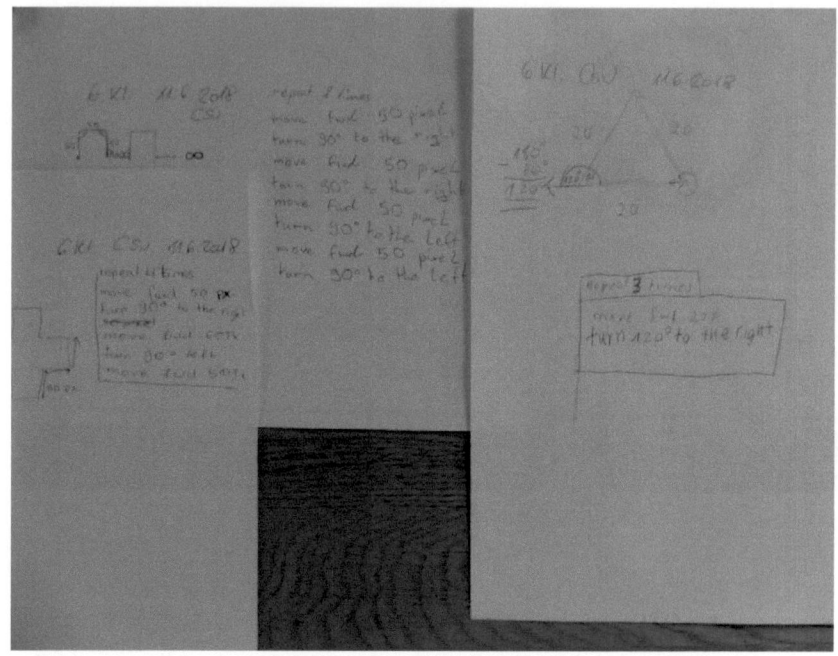

Abbildung 28: Ergebnisse der einzelnen Projekte: Eckiger Mäander (oben), Schweizer Kreuz (links), Dreieck (rechts). 6. Kl. Winterthur

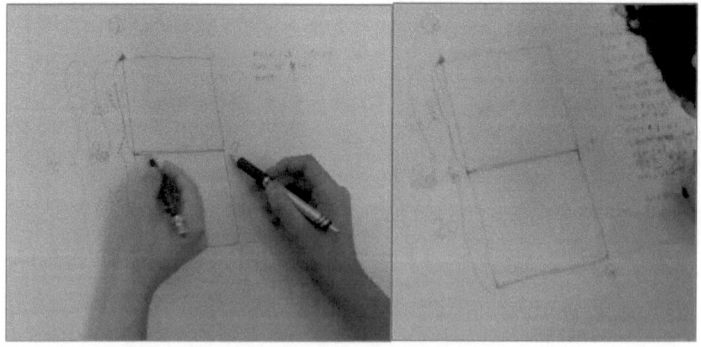

Abbildung 29: Planungsarbeit zu zweit: Am Flipchart werden die Anweisungen Schritt für Schritt aufgeschrieben. 8. Klasse Zürich

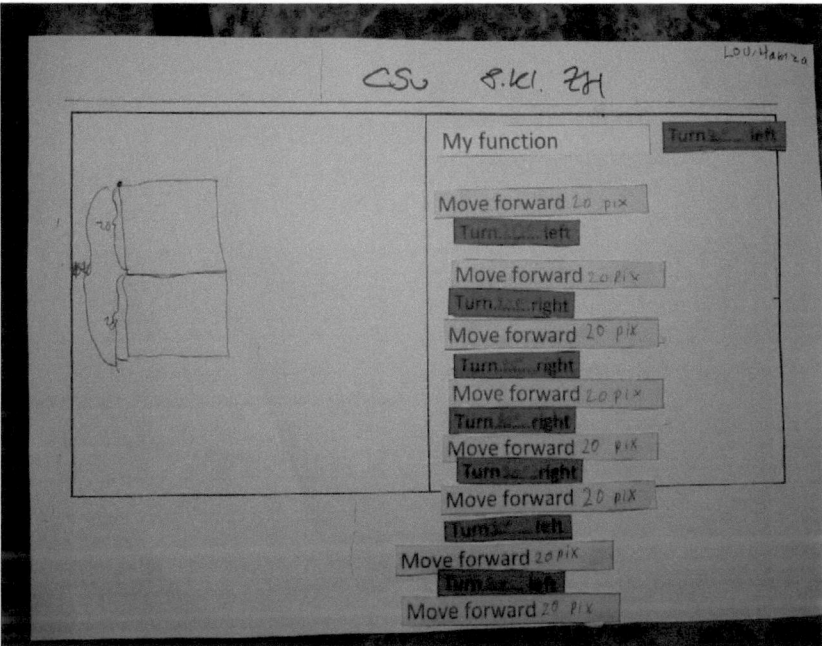

Abbildung 30: Der fertige Algorithmus. Hier könnten noch einige Befehle mit "repeat" ersetzt werden. Dieses Beispiel würde sich zum «Debuggen» eignen.

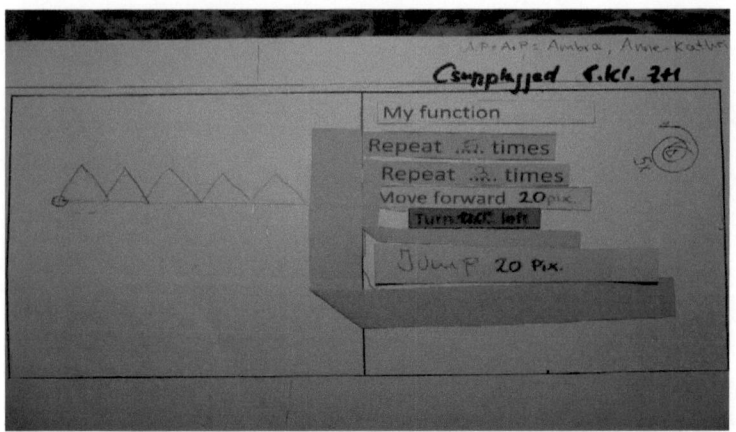

Abbildung 31:Elegante Lösung für eine eingebettete Schleife. "Jump" ermöglicht das Aneinanderreihen von Formen.

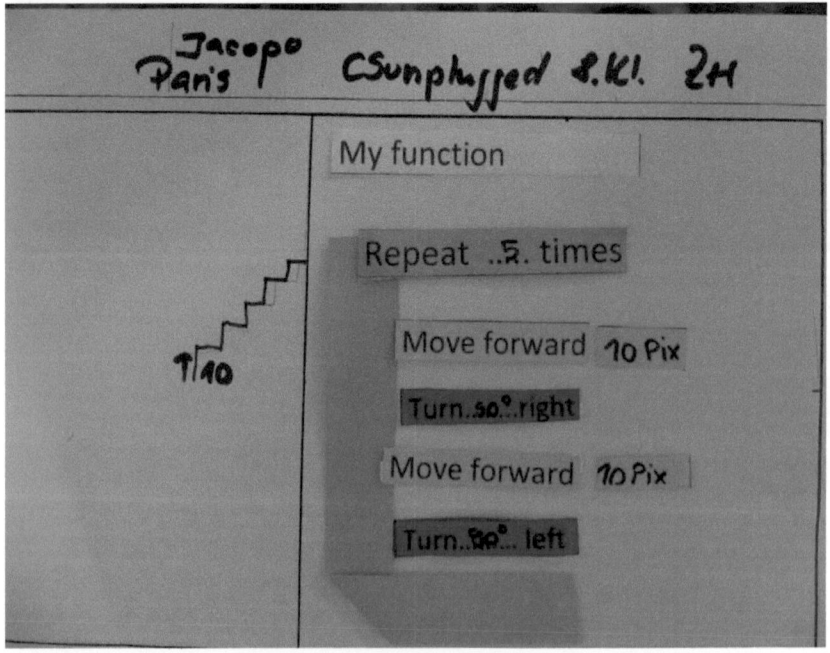

Abbildung 32: Einfache Form und übersichtlicher Algorithmus mit Schleife.

Abbildung 33: Hier fehlt ein Befehl innerhalb der Schleife: "turn 90° right.".

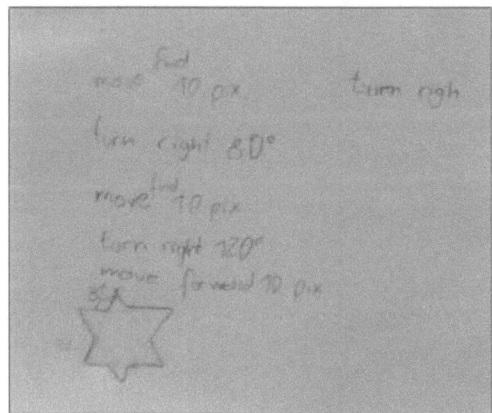

Abbildung 34: Bitte die Angaben zu den Winkeln überprüfen!

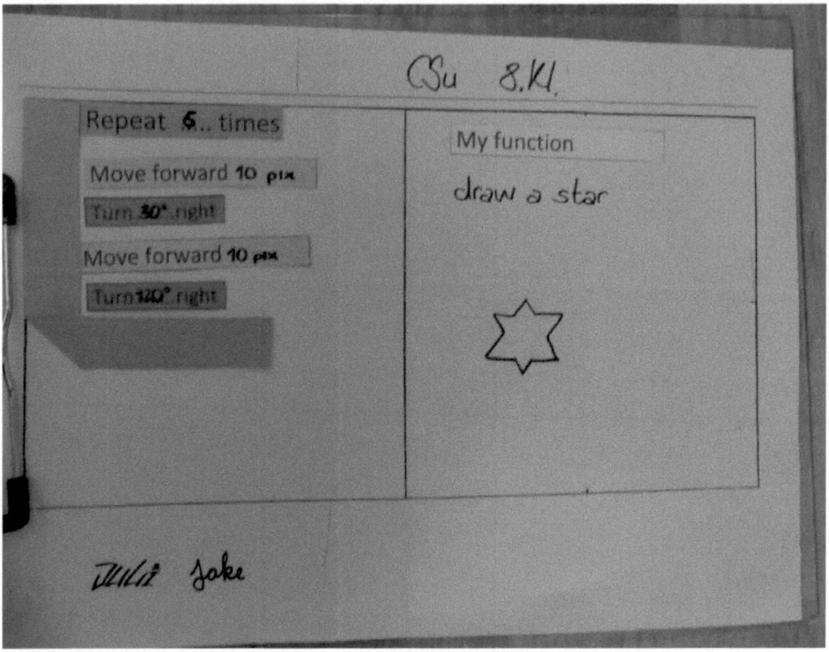

Abbildung 35: Stimmt der Algorithmus? Stimmen die Angaben zu den Winkeln? Die ambitionierten 8. Klässler wurden der Aufgabe nicht gerecht.

Abbildung 36: Planung und Ausführung.

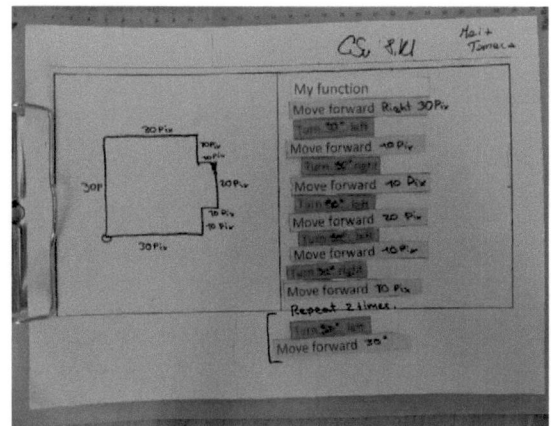

Abbildung 37:"Repeat" kommt erst im letzten Teil der Form vor.

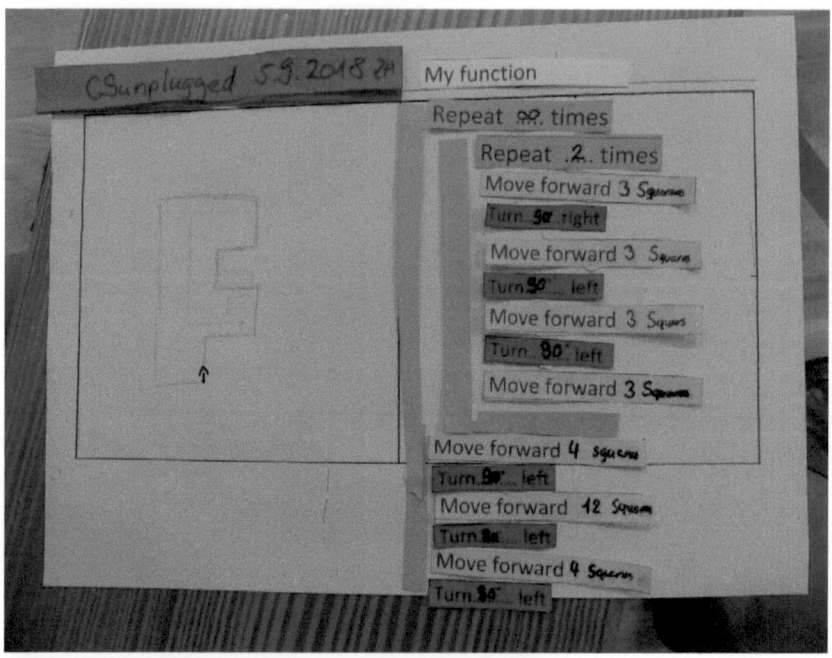

Abbildung 38 oben:
Projekt (9. Kl.) enthält einen Fehler.

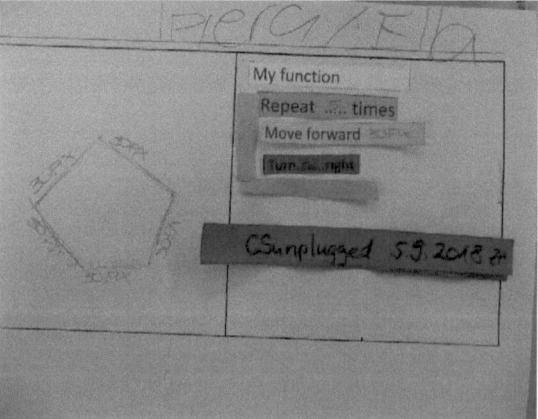

Abbildung 39: P. und E. (9. Kl.) mit dem Projekt Fünfstern. Hier wäre eine
korrekte Fünfsternkonstruktion statt einer ungenauen Skizze angebracht.

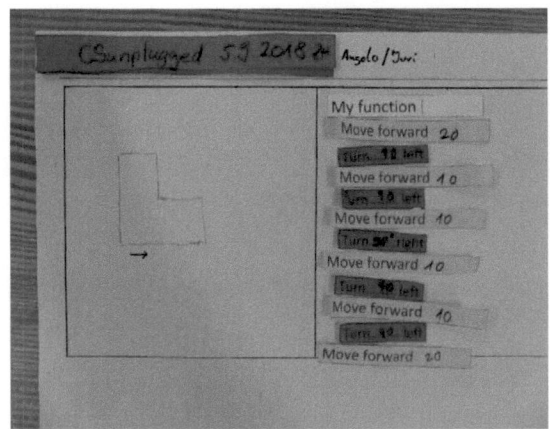

Abbildung 40: Einfacher und stimmiger Algorithmus

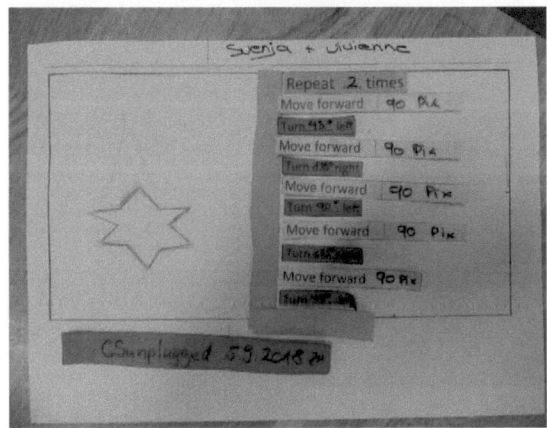

Abbildung 41: Ist dieser Algorithmus korrekt? Stimmen die Winkel?

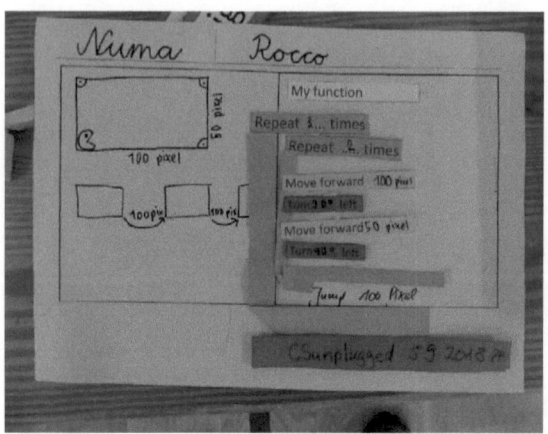

Abbildung 42: "Jump" ermöglicht die Reihung von Formen.

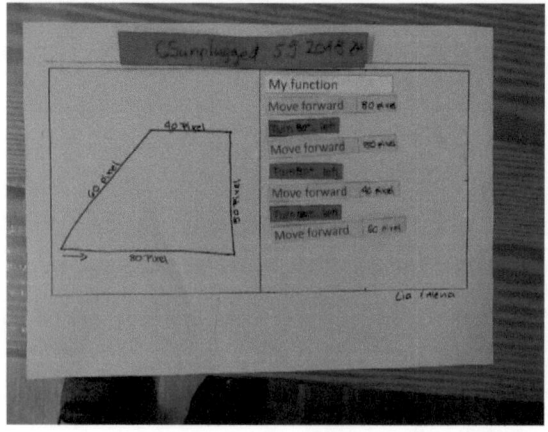

Abbildung 43: Kleines Projekt mit stimmigem Algorithmus.

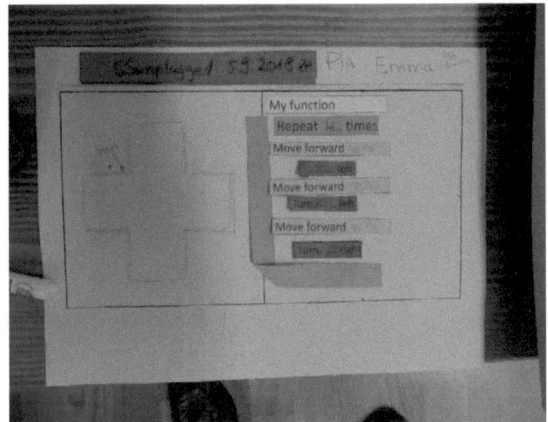

Abbildung 44: P. und E. Algorithmus beschreibt das Schweizer Kreuz.

Dritte Lektion

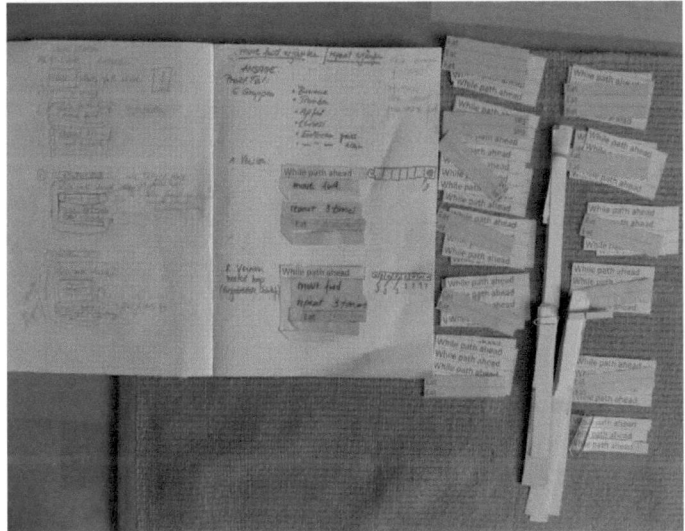

Abbildung 45: Vorbereitungen für die dritte Doppellektion. "While", Früchte und "if" sind neu.

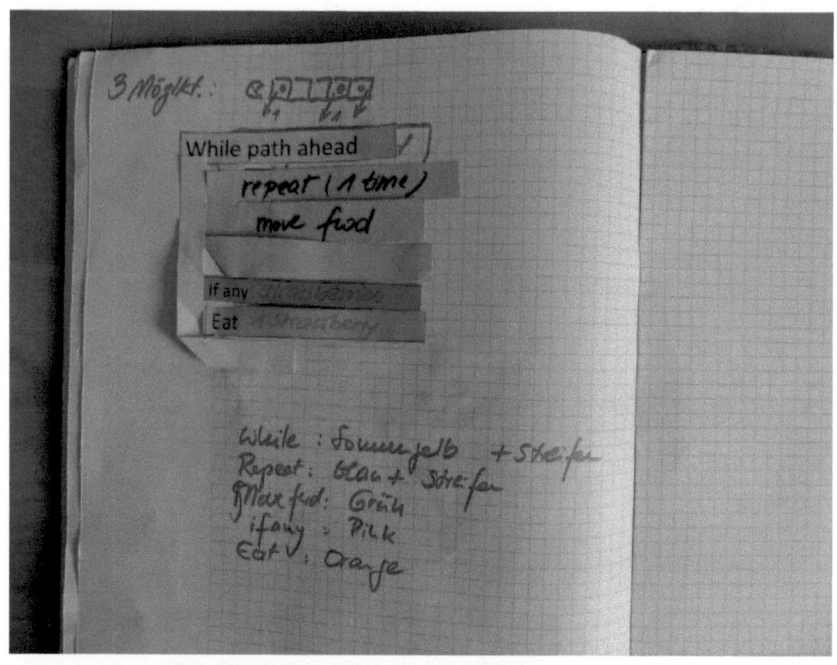

Abbildung 46: Eigene Vorbereitung im Heft. Thema: Eingebettete Schleife und Bedingung (if).

Abbildung 47: Für die Lektion müssen Früchte oder andere Gegenstände in ausreichender Menge vorhanden sein.

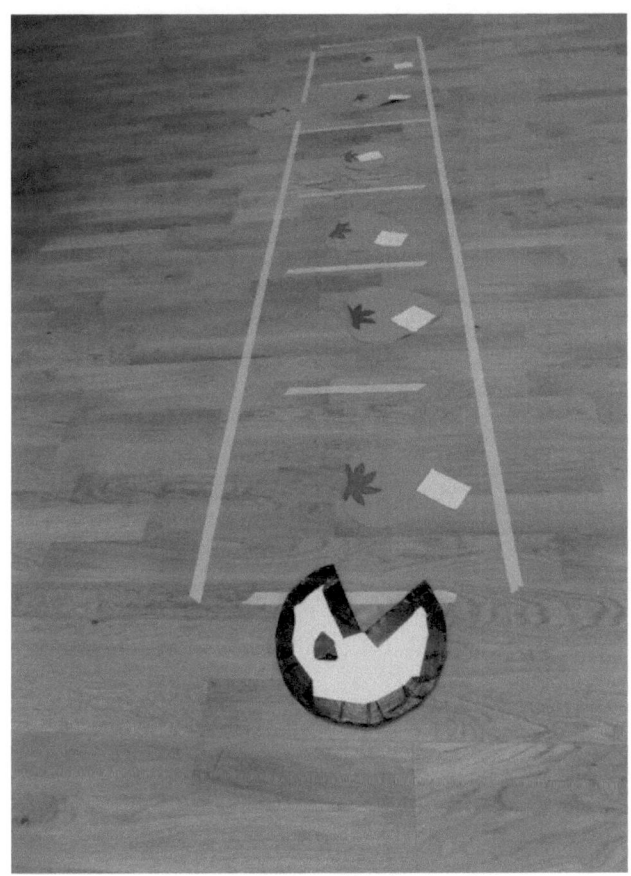

Abbildung 48: Beispiel für Gleichzeitigkeit von "move fwd und "repeat X times eat strawberry."

Abbildung 49: Im Gegensatz zur Gleichzeitigkeit ist die zeitliche Abfolge der einzelnen Tätigkeiten: Zuerst wird ein Weg zurückgelegt "while path ahead" und dann wird gegessen: "repeat eat X strawbwerries".

Arbeitsergebnisse der dritten Doppellektion:

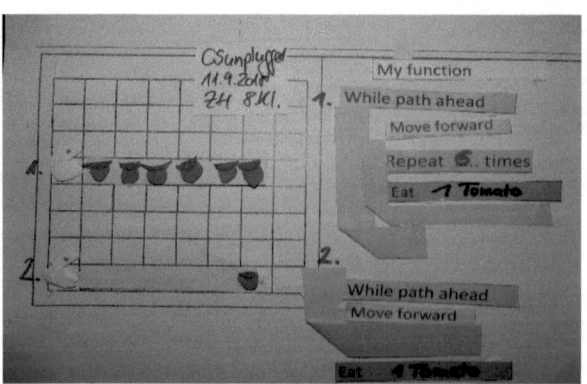

Abbildung 50: Zwei verschiedene Situation mit jeweils stimmigem Algorithmus

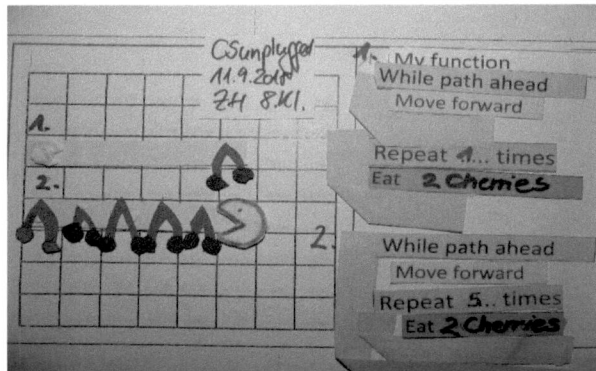

Abbildung 51: 8. Klasse im Teamwork: stimmige Algorithmen

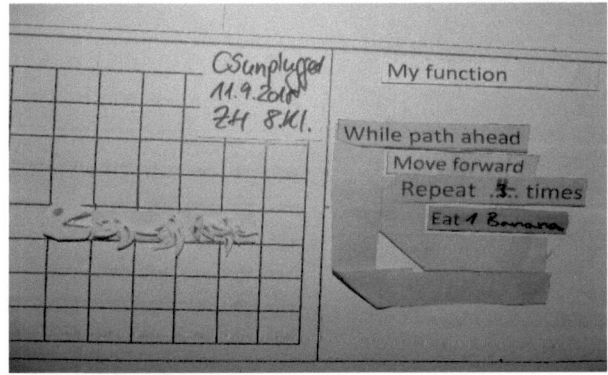

Abbildung 52: Unkonzentriertes Arbeiten: Nur ein Algorithmus geschafft.

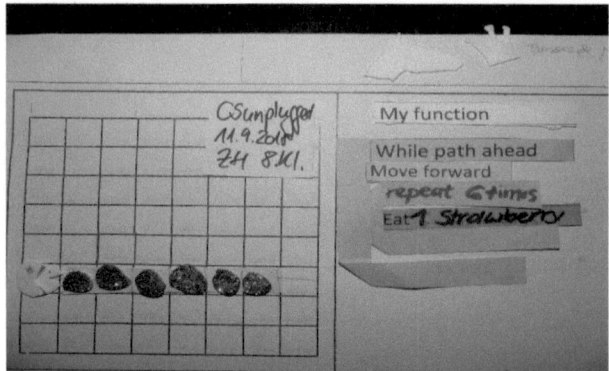

Abbildung 53: Auch hier wurde nur ein Algorithmus angefertigt

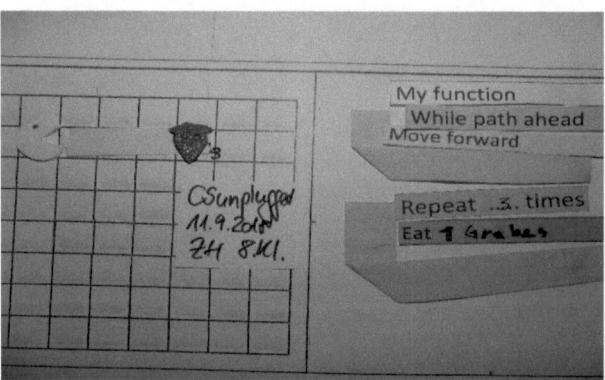

Abbildung 54: 8. Klasse: Stimmiger Algorithmus

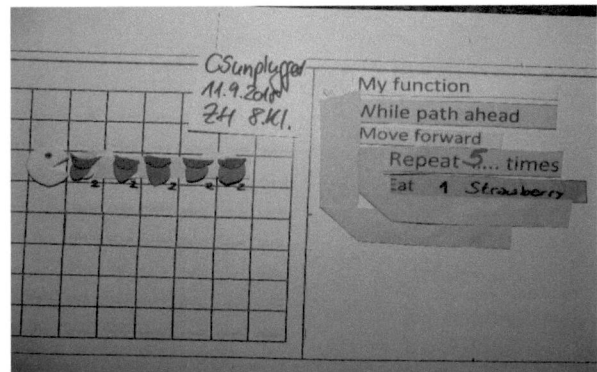

Abbildung 55: Auch hier wurde nur 1 Algorithmus entworfen und dargestellt.

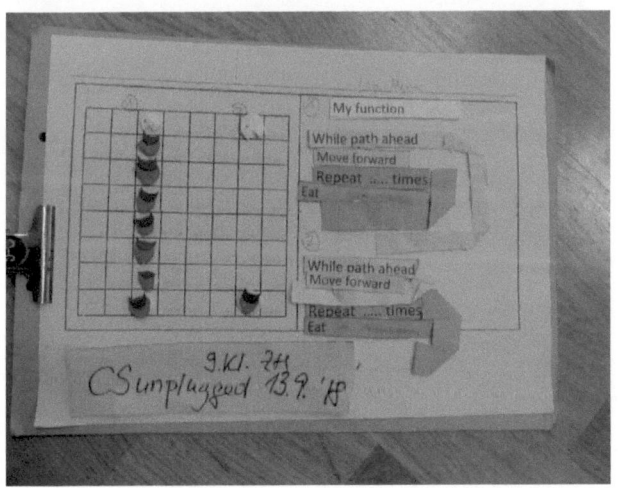

Abbildung 56: 9. Kl. Zwei Versionen, zwei Algorithmen, leider nicht ganz korrekt.

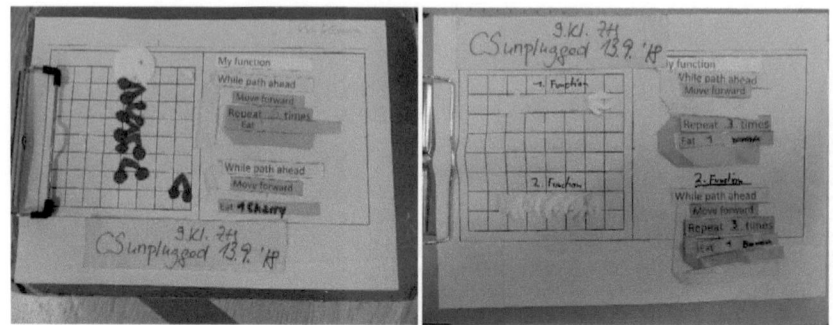

Abbildung 57: Korrekte Algorithmen mit entsprechender Darstellung. 9. Klasse in Zweierteams gearbeitet.

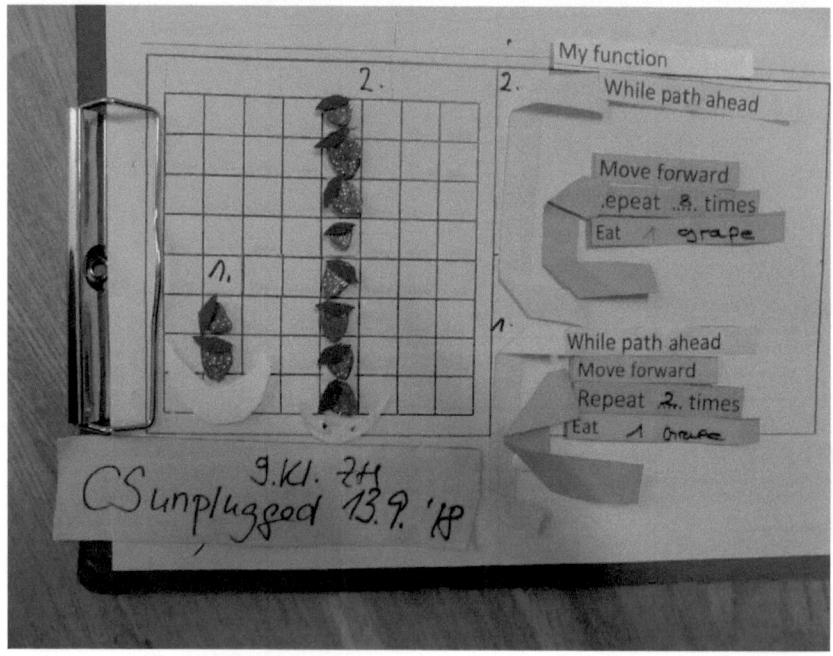

Abbildung 58: 9. Klasse mit beiden Möglichkeiten und korrekten Algorithmen.

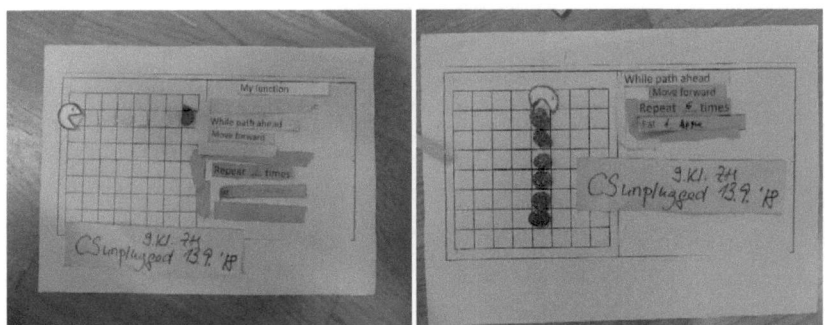

Abbildung 59: 9. Klasse: Einfache Darstellung mit jeweils einer Version

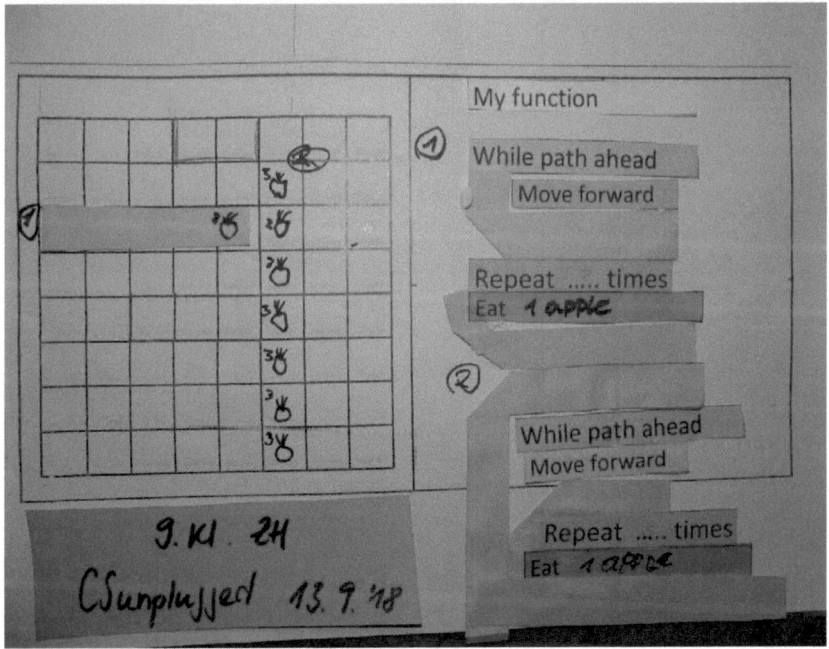

Abbildung 60: Einfache Darstellung der 2 Versionen von einer Gruppe von Jungs

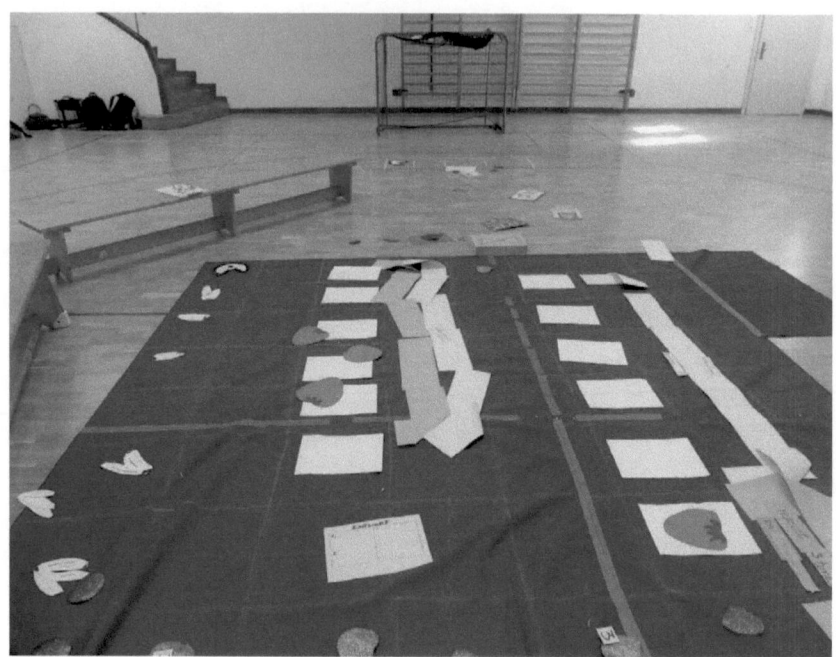

Abbildung 61: Programmierteppich in der Turnhalle dient als analoge Programmierumgebung. Mehrere Gruppen können ihn nutzen.

Abbildung 62: 8. Klasse im Zweierteam: Die geklebte Oberfläche ist die analoge Programmierumgebung.

Vierte Lektion

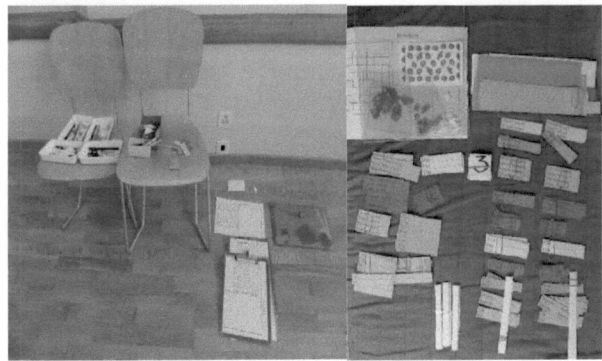

Abbildung 63: Vorbereitung und Material für die vierte Doppellektion.

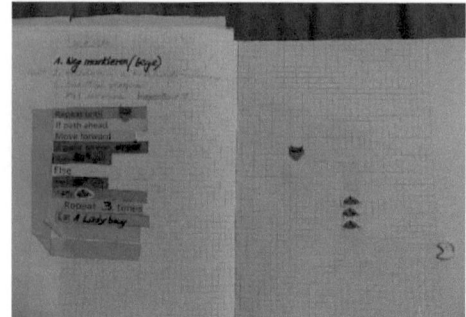

Abbildung 64: Vierte Doppellektion enthält Algorithmus für die eingebettete Schleife.

Abbildung 65: Vorbereiteter Raum und Beispiel für die vierte Doppellektion.

Ergebnisse der vierten Doppellektion

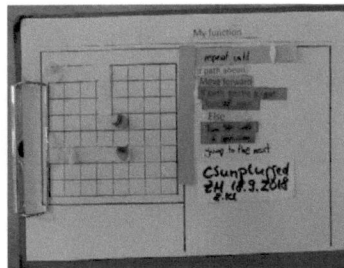

Ein Teil der Abbildung wurde entfernt

Abbildung 66: J.und J. (8. Kl.) am Flipchart: Planung und Ergebnis.

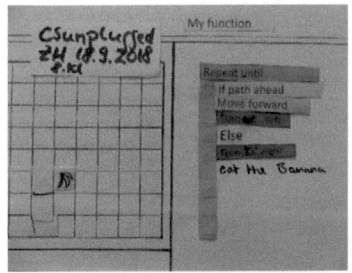

Ein Teil der Abbildung wurde entfernt

Abbildung 67:P. und J. (8. Kl.) bei der Planung. Rechts: Ergebnis der beiden.

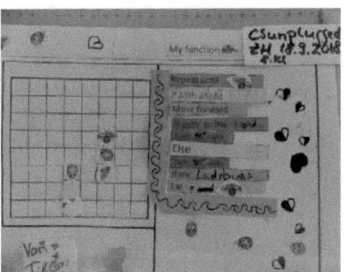

Ein Teil der Abbildung wurde entfernt

Abbildung 68: G. und T. (8. Kl.) mit Planung und Ergebnis

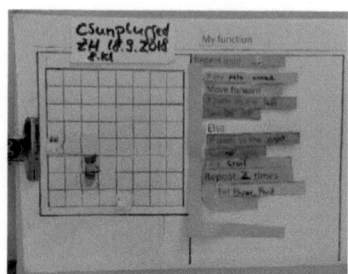

Ein Teil der Abbildung wurde entfernt

Abbildung 69: Auch hier: Planung und Ergebnis

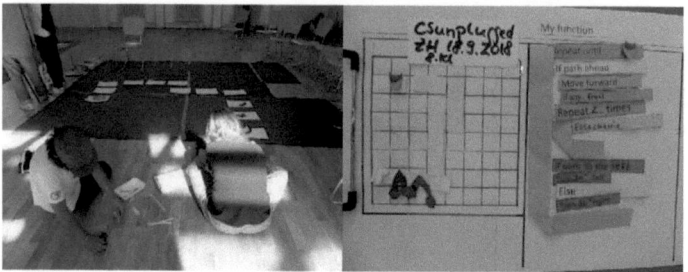

Abbildung 70: S. (8. Kl.) mit Teamkollegin beim Fixieren des Algorithmus auf dem Papier.

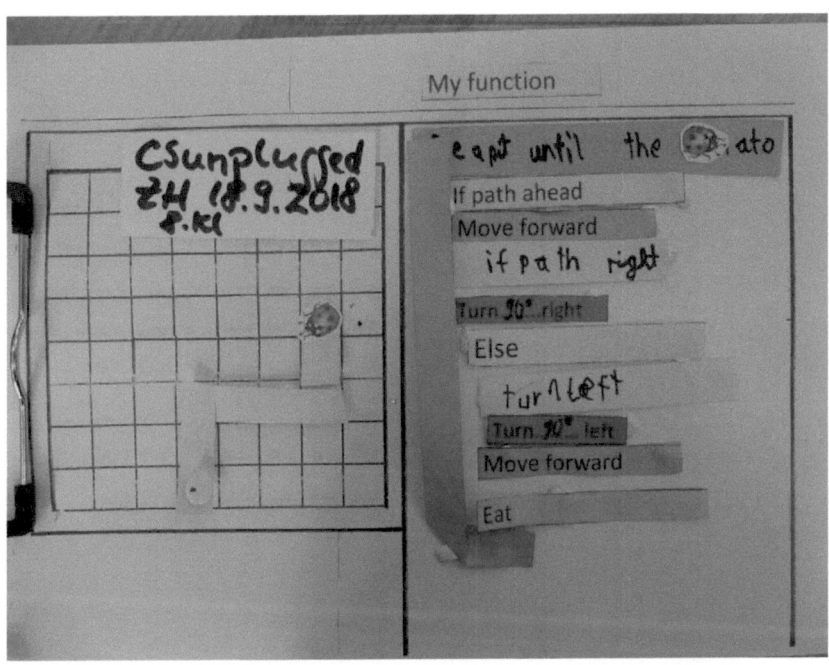

My function

CSunplugged
ZH 18.9.2018
8.Kl

...eapt until the 🐛 ato

If path ahead
Move forward
if path right

Turn 90° right
Else
turn left
Turn 90° left
Move forward

Eat

Abbildung 71: Weitere Ergebnisse der 8. Klasse

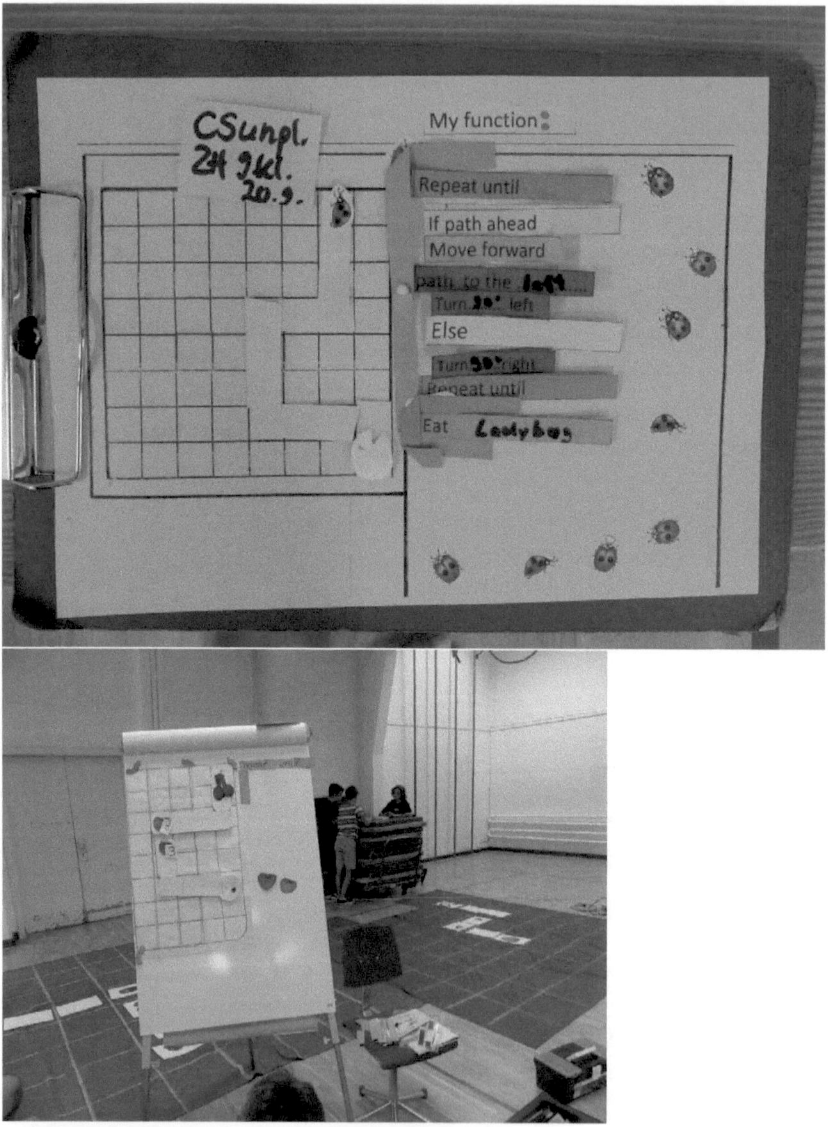

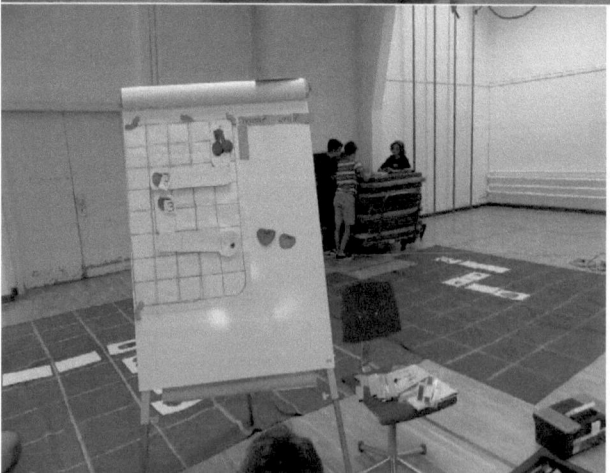

Abbildung 72: 9. Kl.: Planung in der Turnhalle

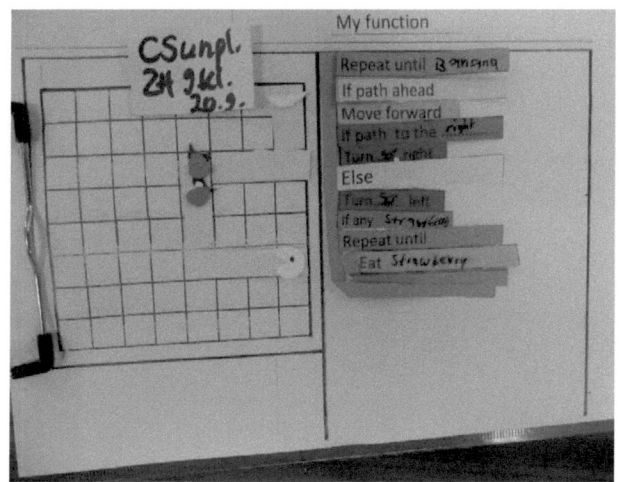

Abbildung 73:...und Ergebnis.

Diese Abbildung wurde entfernt

Abbildung 74: E. und A. (9. Kl.) bei der Herstellung der Programmierumgebung am Whiteboard.

Abbildung 75: Planung und Erstellen des Algorithmus (9. Kl.)

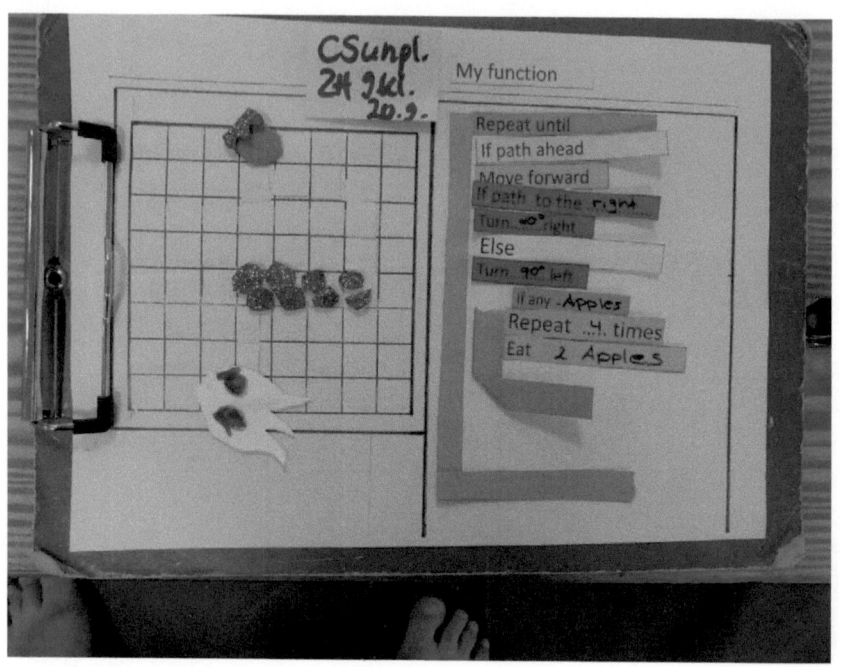

Abbildung 76: Korrekter Algorithmus (9. Kl.)

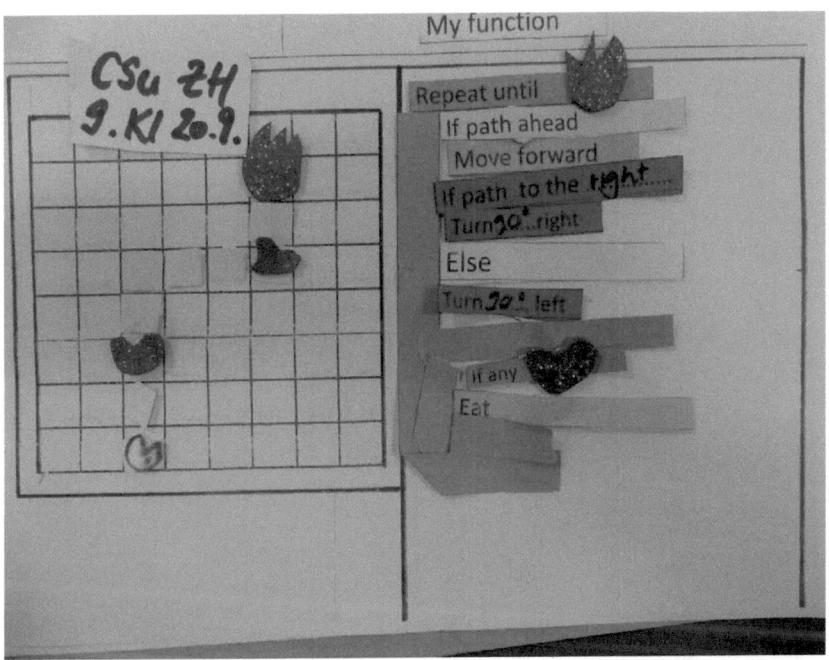

Abbildung 77: Weitere Ergebnisse (9. Kl.)

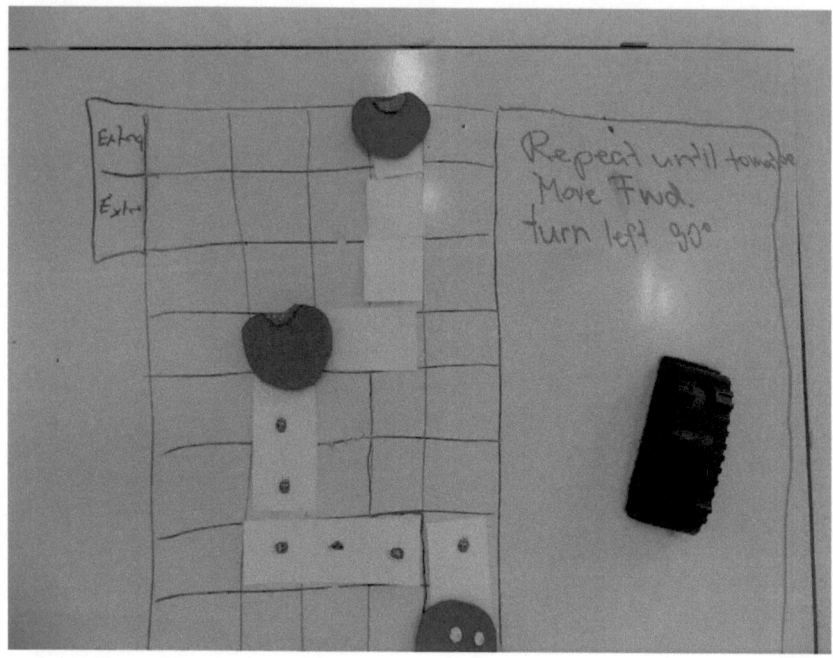

Abbildung 78: Beginn des Entwurfs Kl. 9 CS unplugged.

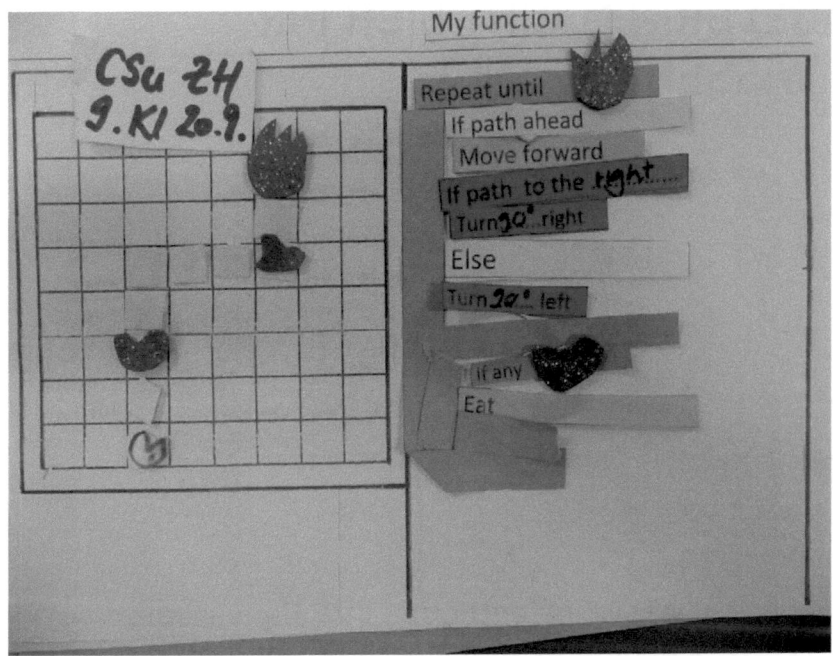

Abbildung 79: Komplexe Abläufe mit lückenhafter Beschriftung und eingebetteter Schleife.

Die Galerie enthält vorwiegend die Arbeitsergebnisse der Gruppe, die CS unplugged mit Bewegung durchgeführt hat. Die Ergebnisse der Vergleichsgruppe sind ähnlich aber weniger anschaulich geraten.

Die vollständige Abbildung aller Ergebnisse würde den Rahmen sprengen, sind aber auf Anfrage einsehbar.

Diese Arbeit entstand im Zusammenhang der Masterarbeit «Informatik in Bewegung» an der Donau-Uni Krems. Veröffentlichung: Ende März 2019

Weitere Informationen zum Forschungsprojekt, Material, Testverfahren und den Testergebnissen unter kp.bewegung@gmail.com

BEI GRIN MACHT SICH IHR WISSEN BEZAHLT

- Wir veröffentlichen Ihre Hausarbeit,
  Bachelor- und Masterarbeit

- Ihr eigenes eBook und Buch -
  weltweit in allen wichtigen Shops

- Verdienen Sie an jedem Verkauf

Jetzt bei www.GRIN.com hochladen und kostenlos publizieren